I0408671

Inhaltsverzeichnis

1 Einführung in Bokashi

Willkommen bei diesem praktischen Leitfaden zur Bokashi-Kompostierung!

Zunächst einmal sollten Sie wissen, dass dieses Buch aus einer französischen Originalausgabe übersetzt wurde und mithilfe einer Software übersetzt wurde. Bitte entschuldigen Sie uns im Voraus für eventuelle Fehlübersetzungen oder Interpretationen.

Als Kompostierungsexperte und leidenschaftlicher Gärtner freue ich mich, mein Wissen über diese immer beliebter werdende Kompostierungsmethode weitergeben zu können.

Bokashi ist eine einfache, praktische und umweltfreundliche Methode, um Ihre Lebensmittelabfälle in einen reichhaltigen und nahrhaften Kompost für Ihre Pflanzen zu verwandeln.

Mit Bokashi können Sie nicht nur Ihren Abfall reduzieren und einen Beitrag zum Umweltschutz leisten, sondern auch die Qualität Ihres Bodens und das Wachstum Ihrer Pflanzen verbessern.

In diesem Leitfaden erfahren Sie alles, was Sie über den Bokashi-Fermentationsprozess wissen müssen, wie Sie Bokashi-Kompost zur Ernährung Ihrer Pflanzen verwenden können und wie Bokashi zu einem nachhaltigen Lebensstil beitragen kann.

Ob Sie ein erfahrener Gärtner oder ein Kompostanfänger sind, dieser Leitfaden wird Ihnen helfen, Ihr eigenes Bokashi-Kompostierungsabenteuer zu beginnen.

Obwohl die Bokashi-Kompostierung oft als Gartenpraxis angesehen wird, hat sie viel weiter reichende Auswirkungen auf die Umwelt und die Nachhaltigkeit.

Als Bürger unseres Planeten sind wir dafür verantwortlich, unsere Auswirkungen auf die Umwelt so gering wie möglich zu halten und unsere Erde für zukünftige Generationen zu pflegen. Die Bokashi-Kompostierung bietet eine einfache und effektive Lösung, um Lebensmittelabfälle zu reduzieren, natürlichen Dünger zu produzieren und unseren CO_2-Fußabdruck zu verringern.

Wenn Sie lernen, wie Sie diese Kompostierungsmethode anwenden, können Sie nicht nur die Gesundheit Ihrer Pflanzen und Ihres Bodens verbessern, sondern auch zum Schutz unseres Planeten beitragen.

Als Anleitung zur Bokashi-Kompostierung ist dieses Buch auch ein Aufruf zu umweltbewusstem Handeln. Als Umweltaktivisten sind wir der festen Überzeugung, dass jede kleine Handlung zählt.

Einzelne Handlungen mögen winzig erscheinen, aber wenn wir gemeinsam handeln, können wir eine bedeutende Wirkung erzielen.

Wenn Sie sich für die Bokashi-Kompostierung entscheiden, treffen Sie eine Wahl für Nachhaltigkeit, Abfallvermeidung und Umweltschutz.

Wir hoffen, dass dieser Leitfaden Sie inspiriert und ermutigt, weiterhin nach Wegen zu suchen, um einen positiven Einfluss auf die Umwelt zu haben.

Und vor allem hoffen wir, dass Sie den Bokashi-Kompostierungsprozess und die vielen Vorteile, die er für Ihren Garten, Ihre Gemeinde und unseren Planeten bietet, schätzen werden.

1.1. Was ist Bokashi?

Bokashi ist eine anaerobe Kompostierungsmethode, bei der Effektive Mikroorganismen (EM) eingesetzt werden, um organisches Material zu zersetzen. Es handelt sich um eine Technik, die ursprünglich aus Japan stammt, wo sie seit Jahrhunderten verwendet wird, um Lebensmittelabfälle in Kompost umzuwandeln, der reich an Nährstoffen für Pflanzen ist.

Der Bokashi-Kompostierungsprozess unterscheidet sich von der herkömmlichen Kompostierung in einem

Haufen oder Düngerhaufen, da er im Inneren eines luftdichten Eimers stattfindet.

Der Bokashi-Eimer wird mit Lebensmittelabfällen wie Obst-, Gemüse-, Fleisch- und Fischresten sowie einer kleinen Menge Bokashi-Kleie oder Mischungen aus effektiven Mikroorganismen (ME) gefüllt.

Bei den im Bokashi verwendeten ME handelt es sich um nützliche Bakterien- und Hefestämme, die den Abbau von Lebensmittelabfällen zu nährstoffreichem Kompost erleichtern.

Während der Fermentationsphase, die in der Regel zwischen zwei Wochen und einem Monat dauert, zersetzen die Mikroorganismen die organischen Stoffe in organische Säuren.

Diese Säuren senken den pH-Wert der Lebensmittelabfälle, was das Wachstum schädlicher Bakterien und die Bildung unangenehmer Gerüche verhindert. Organische Säuren sind auch für Pflanzen vorteilhaft, da sie die Gesundheit des Bodens verbessern und das Wachstum nützlicher Mikroorganismen fördern.

Nach Abschluss der Fermentierungszeit kann der Bokashi-Kompost dem Boden oder einem herkömmlichen Komposthaufen zugeführt werden. Bokashi-Kompost ist reich an Nährstoffen, nützlichen Mikroorganismen und Enzymen, was ihn zu einem hervorragenden Bodenverbesserer macht.

Die Nährstoffe werden leicht von den Pflanzenwurzeln aufgenommen, wodurch das Pflanzenwachstum und die Widerstandsfähigkeit gegen Krankheiten verbessert werden.

Bokashi ist eine umweltfreundliche Kompostierungsmethode, die viele Vorteile für Ihren Garten und die Umwelt im Allgemeinen bieten kann.

Es ist eine praktische Methode, um die Menge an Lebensmittelabfällen, die Sie produzieren, zu reduzieren und gleichzeitig die Qualität Ihres Bodens und Ihrer Pflanzen zu verbessern.

1.2. Warum sollte man Bokashi wählen, um seine Lebensmittelabfälle zu kompostieren?

Bokashi ist eine einzigartige Kompostierungsmethode, die im Vergleich zu herkömmlichen Kompostierungsmethoden viele Vorteile bei der Verarbeitung von Lebensmittelabfällen bietet.

Zunächst einmal ist Bokashi sehr effektiv bei der schnellen Zersetzung von Lebensmittelabfällen, einschließlich protein- und fettreicher Lebensmittel, die in herkömmlichen Komposthaufen nicht leicht zersetzt werden können.

Die im Bokashi verwendeten Effektiven Mikroorganismen (EM) sind sehr effizient bei der Zersetzung dieser Arten von organischem Material, wodurch die Menge der in Ihrem Haushalt anfallenden Lebensmittelabfälle erheblich reduziert werden kann.

Außerdem ist der Bokashi-Vorgang hermetisch abgeschlossen, was bedeutet, dass es keine unangenehmen Gerüche gibt, die mit der Fermentation von Lebensmittelabfällen verbunden sind. Diese Kompostierungsmethode ist daher ideal für Menschen, die in Wohnungen oder Häusern ohne Garten leben, da sie auch in Innenräumen durchgeführt werden kann.

Bokashi-Kompost ist außerdem reich an Nährstoffen und nützlichen Mikroorganismen, was ihn zu einem hervorragenden Bodenverbesserer macht. Die Nährstoffe werden von den Pflanzen leicht aufgenommen, was ihr Wachstum und ihre Widerstandsfähigkeit gegen Krankheiten verbessert.

Schließlich ist Bokashi eine umweltfreundliche Kompostierungsmethode, die dazu beiträgt, dass weniger Lebensmittelabfälle auf Deponien landen, was wiederum die Produktion von Treibhausgasen reduziert und zum Umweltschutz beiträgt. Alles in allem ist die Wahl von Bokashi zur Kompostierung

Ihrer Lebensmittelabfälle eine praktische, effiziente und umweltfreundliche Option, die viele Vorteile für Ihren Garten und die Umwelt im Allgemeinen bietet.

1.3 Bokashi oder Wurmkompostierer

Ob Sie sich für einen Bokashi oder einen Wurmkomposter entscheiden, hängt von mehreren Faktoren ab, wie z. B. dem verfügbaren Platz, den Arten von Abfällen, die Sie kompostieren möchten, und Ihren Kompostierungszielen.

Der Bokashi ist eine gute Option, wenn Sie alle Ihre Küchenabfälle, einschließlich Fleisch und Milchprodukte, kompostieren möchten.

Außerdem ist er einfach zu bedienen, wartungsarm und geruchsneutral. Durch den anaeroben Fermentationsprozess bleiben außerdem bis zu 60% mehr Nährstoffe als bei der herkömmlichen Kompostierung erhalten, was die Bodenqualität und das Pflanzenwachstum verbessert.

Es ist jedoch zu beachten, dass Bokashi Zeit braucht, um vollständig in Kompost umgewandelt zu werden. Er muss mit Erde vermischt oder in den Boden eingegraben werden, um den Kompostierungsprozess abzuschließen.

Der Wurmkomposter ist eine praktische Alternative, wenn Sie nur wenig Platz haben. Er ist kompakt, einfach zu bedienen und produziert schnell einen gebrauchsfertigen Kompost.

Allerdings kann er nicht alle Arten von Küchenabfällen, insbesondere Fleisch und Milchprodukte, verarbeiten. Der Wurmkomposter produziert auch weniger Nährstoffe als der Bokashi. Es ist möglich, beide Kompostierungsmethoden gleichzeitig zu verwenden, um die Vorteile jeder Methode zu nutzen.

Sie können den Wurmkomposter verwenden, um Ihre Küchenabfälle zu kompostieren, die vom Bokashi nicht angenommen werden, und den Bokashi verwenden, um alle anderen Arten von Abfällen zu kompostieren. So haben Sie eine konstante Versorgung mit Kompost für Ihren Garten oder Ihre Zimmerpflanzen.

Letztendlich hängt die Wahl zwischen einem Bokashi und einem Wurmkomposter von Ihren individuellen Kompostierungsbedürfnissen ab. Wenn Sie beide kombinieren, können Sie das Beste aus beiden Welten erhalten und die Vorteile für Ihren Garten und Ihre Pflanzen maximieren.

1.4. Die Umweltvorteile von Bokashi

Bokashi ist eine Kompostierungsmethode, die im Vergleich zu herkömmlicheren Methoden zur Verarbeitung von Lebensmittelabfällen mehrere Umweltvorteile bietet.

Zunächst einmal wird durch Bokashi die Menge an Lebensmittelabfällen, die auf Deponien oder in Verbrennungsanlagen entsorgt werden, erheblich reduziert.

Lebensmittelabfälle, die auf Deponien entsorgt werden, produzieren Methan, ein Treibhausgas, das potenziell schädlicher ist als Kohlendioxid.

Auch die Verbrennung von Lebensmittelabfällen kann zur Luftverschmutzung und zur Produktion von Treibhausgasen beitragen.

Im Gegensatz dazu ist Bokashi eine Kompostierungsmethode, bei der Lebensmittelabfälle in einen nährstoffreichen Bodenverbesserer für Pflanzen umgewandelt werden. Dieser Kompostierungsprozess wird mithilfe von effektiven Mikroorganismen durchgeführt, die die Lebensmittelabfälle fermentieren und in einen nährstoffreichen Kompost umwandeln.

Bokashi-Kompost kann zur Verbesserung der Bodenqualität in Ihrem Garten oder auf öffentlichen Grünflächen verwendet werden und trägt so zur Gesundheit der Pflanzen und zum Wachstum der Kulturen bei. Er kann auch als Futter für Haus- oder Nutztiere verwendet werden, wodurch die Menge an Lebensmittelabfällen, die normalerweise weggeworfen werden, verringert wird.

Darüber hinaus ist Bokashi-Kompost eine Kompostierungsmethode, die keine unangenehmen Gerüche erzeugt, was sie zu einer praktischen Option für Menschen macht, die in Wohnungen oder beengten Wohnräumen leben.

Der Bokashi-Kompostprozess kann in Ihrem Haus durchgeführt werden, was auch die Notwendigkeit des Transports von Lebensmittelabfällen zu einer Kompostieranlage verringert.

Schließlich ist Bokashi eine Kompostierungsmethode, die auf nachhaltige und verantwortungsvolle Weise praktiziert werden kann.

Sie reduziert Lebensmittelabfälle, die auf Deponien oder in Verbrennungsanlagen entsorgt werden, und trägt so zur Verringerung der Treibhausgasemissionen und zum Schutz der Umwelt bei.

2 Die Grundlagen der Bokashi-Kompostierung

2.1 Die für die Bokashi-Kompostierung benötigten Werkzeuge

Die Bokashi-Kompostierung erfordert nicht viele spezielle Werkzeuge. Tatsächlich sind die erforderlichen Werkzeuge, um Ihre eigene Bokashi-Kompostierung zu starten, ziemlich einfach. Zunächst benötigen Sie einen Bokashi-Eimer. Dieser Eimer wird verwendet, um Ihre Lebensmittelabfälle aufzubewahren, bevor der Fermentationsprozess beginnt. Bokashi-Eimer können online oder in Fachgeschäften für Gartenbedarf gekauft werden. Sie können auch speziell für den Innenbereich konzipierte Bokashi-Eimer finden, die Aktivkohlefilter haben, um Gerüche zu eliminieren. Dann benötigen Sie Bokashi-Weizenkleie oder effektive Mikroorganismen. Diese Produkte sind online oder in Gartenfachgeschäften erhältlich und werden verwendet, um den Fermentationsprozess der Lebensmittelabfälle zu starten. Es wird auch empfohlen, eine Schaufel zu haben, um die fermentierten Lebensmittelabfälle in den Boden oder einen Außenkomposter zu übertragen. Schließlich können Sie Papiertüten oder Plastiktüten verwenden, um Ihre Lebensmittelabfälle aufzubewahren, bis Sie bereit sind, sie in den Bokashi-Eimer zu geben. Stellen Sie sicher, dass Sie keine Plastiktüten verwenden, wenn Sie sie in den Bokashi-Eimer geben, da dies die Fermentation der Lebensmittelabfälle beeinträchtigen kann. Insgesamt sind die für die Bokashi-Kompostierung erforderlichen Werkzeuge einfach und leicht zugänglich, was sie zu einer praktischen und erschwinglichen Methode des Kompostierens für jedermann macht.

2.2   Die Materialien, die für Bokashi verwendet werden

Die für die Bokashi-Kompostierung verwendeten Materialien bestehen hauptsächlich aus Lebensmittelabfällen. Nicht alle Arten von Lebensmittelabfällen eignen sich jedoch für Bokashi. Lebensmittel, die sich schnell zersetzen, wie Obst und Gemüse, Essensreste, Milchprodukte und tierische Proteine wie Fleisch und Fisch, sind die bevorzugten Materialien für Bokashi.

Es ist wichtig zu beachten, dass Öle und Fette nicht in den Bokashi-Eimer gegeben werden sollten, da sie den Fermentationsprozess stören können. Darüber hinaus sollten Zitrusfrüchte sparsam verwendet werden, da ihre Säure das Wachstum von Mikroorganismen hemmen kann.

Zusätzlich können Gartenabfälle wie Blätter und Zweige in kleinen Mengen auch zum Bokashi-Kompost hinzugefügt werden. Materialien, die nicht für Bokashi empfohlen werden, umfassen Holzprodukte, Metalle, Plastik, Papier und giftige Produkte wie Reinigungsmittel und Medikamente.

Es ist auch wichtig zu beachten, dass Lebensmittelabfälle, die in den Bokashi-Eimer gegeben werden, in kleine Stücke geschnitten werden sollten, um die Fermentation zu erleichtern und zu verhindern, dass die Lebensmittel verfaulen. Dies wird auch dazu beitragen, den verfügbaren Platz im Eimer zu maximieren und die Verwaltung des Komposts zu erleichtern.

Zusammenfassend sind Lebensmittelabfälle die Hauptmaterialien, die für Bokashi verwendet werden. Obst und Gemüse, Essensreste, Milchprodukte, tierische Proteine sowie Gartenabfälle in geringen Mengen können für die Bokashi-Kompostierung verwendet werden. Materialien, die sich nicht für Bokashi eignen, sind Öle und Fette, Zitrusfrüchte in großen Mengen, Holzprodukte, Metalle, Plastik, Papier und giftige Produkte.

2.3 Wie bereitet man den Bokashi-Eimer vor

Bevor Sie mit der Bokashi-Kompostierung beginnen, ist es wichtig, den Bokashi-Eimer vorzubereiten. Hier ist, wie Sie den Bokashi-Eimer vorbereiten:

Kaufen Sie einen Bokashi-Eimer:

Sie können einen Bokashi-Eimer online oder in Fachgeschäften für Gartenbedarf kaufen. Es ist auch möglich, Ihren eigenen Bokashi-Eimer aus einem luftdichten Plastikeimer herzustellen.

Legen Sie das Sieb ein:

Die meisten Bokashi-Eimer sind mit einem Sieb ausgestattet. Legen Sie das Sieb auf den Boden des Eimers.

Fügen Sie die Bokashi-Mischung hinzu:

Die Bokashi-Mischung besteht aus einer Kombination von Weizenkleie, Reiskleie, Effektiven Mikroorganismen (EM) und Melasse. Fügen Sie eine Schicht Bokashi-Mischung auf den Boden des Eimers über das Sieb. Die Schicht sollte etwa ein bis zwei Zentimeter dick sein.

Fügen Sie die Lebensmittelabfälle hinzu:

Geben Sie die in kleine Stücke geschnittenen Lebensmittelabfälle auf die Schicht Bokashi-Mischung. Vermeiden Sie es, zu viele Abfälle auf einmal hinzuzufügen, um ein Überlaufen des Eimers zu verhindern und eine bessere Fermentation zu ermöglichen.

Streuen Sie eine Schicht Bokashi-Mischung über die Lebensmittelabfälle:

Nach jeder Schicht Lebensmittelabfälle streuen Sie eine Schicht Bokashi-Mischung, um die Fermentation zu fördern und unangenehme Gerüche zu vermeiden.

Verschließen Sie den Deckel luftdicht:

Es ist wichtig, den Deckel fest zu verschließen, damit die Mikroorganismen die Lebensmittelabfälle ordnungsgemäß fermentieren können. Stellen Sie sicher, dass der Deckel gut verriegelt ist, um das Entweichen von Gerüchen zu verhindern.

Wiederholen Sie den Vorgang:

Wiederholen Sie die Schritte 4 bis 6, bis der Eimer gefüllt ist. Wenn der Eimer voll ist, lassen Sie den Kompost zwei Wochen lang fermentieren, bevor Sie ihn verwenden oder in einen Gartenkomposter übertragen.

Indem Sie diesen Schritten folgen, können Sie Ihren Bokashi-Eimer richtig vorbereiten und mit der Kompostierung Ihrer Lebensmittelabfälle beginnen.

3 Der Bokashi-Fermentationsprozess

3.1 Wie man Lebensmittelabfälle in den Bokashi-Eimer gibt

Sobald Ihr Bokashi-Eimer bereit ist, können Sie beginnen, Ihre Lebensmittelabfälle hinzuzufügen. Es ist wichtig, diese in kleine Stücke zu schneiden, um die Fermentation zu erleichtern.

Sie können eine Vielzahl von Lebensmitteln hinzufügen, darunter Obst- und Gemüsereste, Fleisch- und Fischreste, Milchprodukte, Brot und Getreide sowie sogar zerkleinerte Eierschalen. Vermeiden Sie jedoch fettige Lebensmittel, Knochen, Zitrusfrüchte, stark gesalzene Lebensmittel und große Mengen von Flüssigkeiten.

Es ist wichtig, die Abfälle nicht fest in den Eimer zu drücken, sondern sie gleichmäßig zu verteilen.

Nachdem Sie eine Schicht Abfälle hinzugefügt haben, bestreuen Sie diese mit einer kleinen Menge Bokashi-Material (etwa eine Handvoll).

Wiederholen Sie diesen Vorgang, bis der Eimer voll ist oder Sie keine Abfälle mehr hinzufügen müssen.

Vergessen Sie nicht, den Deckel nach jedem Hinzufügen luftdicht zu verschließen, um die anaerobe Umgebung aufrechtzuerhalten und die Fermentation zu erleichtern.

3.2 Die an der Bokashi-Fermentation beteiligten Mikroorganismen

Der Bokashi-Fermentationsprozess beruht auf einer Gemeinschaft nützlicher Mikroorganismen. Diese umfassen Milchsäurebakterien, Hefen und Pilze, die zusammenarbeiten, um Lebensmittelabfälle abzubauen und nützliche Substanzen für den Boden zu produzieren.

Milchsäurebakterien spielen insbesondere eine Schlüsselrolle in der Bokashi-Fermentation. Sie sind natürlicherweise in der Umwelt vorhanden und sind für die Produktion von Milchsäure verantwortlich, die den pH-Wert senkt und eine saure Umgebung schafft, die das Wachstum nützlicher Mikroorganismen fördert.

Hefen und Pilze hingegen bauen Zucker und Kohlenhydrate ab, wodurch Alkohol und Milchsäure entstehen.

Durch die Kombination dieser Mikroorganismen im Bokashi-Eimer kann der Fermentationsprozess beginnen. Die Mikroorganismen arbeiten daran, Lebensmittelabfälle abzubauen, und erzeugen ein Endprodukt, das reich an Nährstoffen ist und den Pflanzen zugutekommt.

3.3   Die Dauer des Fermentationsprozesses.

Die Dauer des Bokashi-Fermentationsprozesses kann je nach verschiedenen Faktoren variieren, darunter Umgebungstemperatur, Feuchtigkeit und die Menge der hinzugefügten Lebensmittelabfälle. Im Allgemeinen dauert der Fermentationsprozess etwa zwei Wochen.

In den ersten beiden Tagen beginnen die Mikroorganismen sich schnell zu vermehren und produzieren Milchsäure, was den pH-Wert senkt und schädliche Bakterien abtötet.

In den nächsten 10 bis 14 Tagen setzen die Mikroorganismen die Zersetzung der Lebensmittelabfälle fort und produzieren einen fermentierten Stoff, der reich an Nährstoffen für Pflanzen ist. Am Ende der Fermentation sind die Lebensmittelabfälle nicht mehr erkennbar, sondern ähneln eher einer dunklen, feuchten Paste mit einem charakteristischen süß-sauren Geruch.

Es ist wichtig zu beachten, dass die Dauer des Fermentationsprozesses von der Menge der hinzugefügten Lebensmittelabfälle abhängen kann. Wenn

Sie große Mengen Lebensmittelabfälle auf einmal hinzufügen, kann dies die Fermentationszeit verlängern.

Daher wird empfohlen, die Lebensmittelabfälle in kleinen Mengen aufzuteilen und regelmäßig zum Bokashi-Eimer hinzuzufügen.

3.4 Fehler, die beim Bokashi-Kompostieren vermieden werden sollten

Obwohl der Bokashi-Fermentationsprozess relativ einfach ist, gibt es einige Fehler, die vermieden werden sollten, um gute Ergebnisse zu erzielen. Hier sind einige der häufigsten Fehler beim Bokashi-Kompostieren:

Hinzufügen von nicht essbaren Abfällen:

Bokashi-Kompostierung sollte nur für Lebensmittelabfälle verwendet werden, da andere Arten von Abfällen den Fermentationsprozess stören und die Qualität des Komposts beeinträchtigen können.

Hinzufügen von ungeschnittenen Abfällen:

Große Stücke von Lebensmittelabfällen können den Fermentationsprozess verlangsamen. Es wird empfohlen, die Abfälle in kleine Stücke von 2 bis 3 cm zu schneiden.

Vergessen, die Abfälle zu verdichten:

Die Abfälle sollten regelmäßig im Bokashi-Eimer
verdichtet werden, um die Luft zu entfernen und die
Fermentation zu fördern.

Zu oft den Eimer öffnen:

Das häufige Öffnen des Bokashi-Eimers kann den
Fermentationsprozess stören und Luft eindringen lassen,
was zu unangenehmen Gerüchen führen kann.

Nicht abtropfen lassen der Fermentationsflüssigkeit:
Wenn die Fermentationsflüssigkeit nicht regelmäßig
abgelassen wird, kann sie Schimmelprobleme und
unangenehme Gerüche verursachen.

Verwendung eines minderwertigen Bokashi-Eimers:
Mindere Bokashi-Eimer können undicht sein und
Geruchsprobleme im Haus verursachen. Es ist wichtig,
einen hochwertigen Bokashi-Eimer mit einem luftdichten
Deckel zu wählen.

Indem Sie diese Fehler vermeiden, sollten Sie in der Lage
sein, hochwertigen Kompost aus Ihren
Lebensmittelabfällen mit der Bokashi-Kompostierung zu
erhalten.

3.5   Häufige Fehler beim Bokashi-Kompostieren

Hier sind einige häufige Fehler beim Bokashi-Kompostieren, die vermieden werden sollten:

Hinzufügen ungeeigneter Materialien:

Vermeiden Sie das Hinzufügen von Materialien wie Fleisch, Knochen oder Milchprodukten, da diese Elemente verrotten können und unangenehme Gerüche erzeugen.

Zu häufiges Öffnen des Eimers:

Bokashi erfordert eine anaerobe Umgebung, damit Mikroorganismen effizient fermentieren können. Das häufige Öffnen des Eimers kann diese Umgebung stören und den Fermentationsprozess verlangsamen.

Nicht Kompaktieren der Abfälle:

Es ist wichtig, die in den Eimer gegebenen Lebensmittelabfälle zu komprimieren, um das Eindringen von Luft zu verhindern und die anaerobe Fermentation zu fördern.

Zu viel Flüssigkeit hinzufügen:

Bokashi erfordert eine angemessene Feuchtigkeit, damit Mikroorganismen effizient arbeiten können, aber ein Überschuss an Flüssigkeit kann zur Bildung von übel riechendem und saurem Saft führen.

Zu wenig Startermaterial hinzufügen:

Wenn Sie nicht genügend Startermaterial hinzufügen (wie Reste aus vorherigem Bokashi oder Weizenkleie), kann der Fermentationsprozess weniger effizient sein.

Zu viel Startermaterial verwenden:

Umgekehrt kann das Hinzufügen von zu viel Startermaterial auch den Fermentationsprozess stören, da dies den pH-Wert des Eimers erhöhen kann.

Das Ablassen des Fermentationssafts nicht regelmäßig:
Der in der unteren Schicht des Eimers angesammelte Fermentationssaft sollte regelmäßig abgelassen werden, um unangenehme Gerüche und die Verschlechterung des Eimers zu verhindern.

Ein nicht luftdichter Eimer:

Der für die Bokashi-Kompostierung verwendete Eimer muss luftdicht sein, um das Eindringen von Luft zu verhindern und die anaerobe Fermentation zu fördern.

3.6 Wie man schlechte Gerüche vermeidet

Die Bokashi-Kompostierung ist ein anaerober Fermentationsprozess, der sehr wenig Gerüche produziert. Dennoch können schlechte Gerüche auftreten, wenn Fehler im Fermentationsprozess auftreten. Um schlechte Gerüche bei der Bokashi-Kompostierung zu vermeiden, hier einige Tipps:

- Verwenden Sie einen hochwertigen Bokashi-Eimer mit einem luftdichten Deckel. Stellen Sie sicher, dass der Eimer nach jeder Zugabe von Abfällen ordnungsgemäß verschlossen ist.
- Vermeiden Sie es, stark verrottende oder verschimmelte Lebensmittel in den Bokashi-Eimer zu geben. Fortgeschritten verrottende Lebensmittel können unangenehme Gerüche verursachen. Es ist besser, sie getrennt zu kompostieren.
- Bestreuen Sie regelmäßig eine dünne Schicht Bokashi-Material oder Bokashi-Aktivator über den Lebensmittelabfällen im Eimer. Dies hilft, Feuchtigkeit aufzunehmen und schlechte Gerüche zu verhindern.
- Vermeiden Sie es, zu viel Flüssigkeit in den Bokashi-Eimer zu geben. Wenn die Abfälle zu feucht sind, können unangenehme Gerüche entstehen. Achten Sie darauf, keine Flüssigkeit in den Eimer zu gießen.
- Lagern Sie den Bokashi-Eimer an einem kühlen und trockenen Ort. Vermeiden Sie es, ihn in der Nähe einer Wärmequelle oder an einem zu feuchten Ort zu platzieren.

Durch Befolgen dieser Tipps sollten Sie in der Lage sein, während des Bokashi-Fermentationsprozesses unangenehme Gerüche zu vermeiden.

3.7 Wie man Schimmel und schädliche Insekten vermeidet

Um Schimmel und schädliche Insekten zu vermeiden, ist es wichtig, einige bewährte Praktiken zu befolgen. Zuerst ist es ratsam, die Lebensmittelabfälle im Bokashi-Eimer gut zu verdichten, um die Anwesenheit von Luft zu verhindern.

Luft kann das Wachstum von Schimmel und die Vermehrung von Insekten fördern. Danach ist es wichtig, den Eimer nach jeder Zugabe von Lebensmittelabfällen gut zu verschließen. Der Deckel sollte luftdicht sein, um das Eindringen von Luft und das Austreten von Gerüchen zu verhindern. Es wird auch empfohlen, den Eimer regelmäßig zu überprüfen, um sicherzustellen, dass die Bokashi-Flüssigkeit nicht stagniert und dass die Schicht aus Weizenschrot ausreichend ist, um die Abfälle zu bedecken.

Wenn Sie Schimmel oder schädliche Insekten in Ihrem Bokashi-Eimer bemerken, sollten Sie diese sofort entfernen und den Eimer mit Wasser und Essig reinigen. Es ist wichtig, keine chemischen Produkte zur Reinigung des Bokashi-Eimers zu verwenden, da dies die nützlichen Mikroorganismen abtöten könnte.

Durch die Einhaltung dieser bewährten Praktiken sollten Sie in der Lage sein, Schimmel und schädliche Insekten in Ihrem Bokashi-Eimer zu vermeiden.

4 Wie man Bokashi-Kompost verwendet

4.1 Wie man den Bokashi-Fermentationsprozess abschließt

Um den Bokashi-Fermentationsprozess abzuschließen, ist es wichtig, den Bokashi-Eimer nach der letzten Verwendung für weitere zwei Wochen geschlossen und luftdicht zu lassen.

Dies ermöglicht es den Mikroorganismen, den Abbau der Abfälle abzuschließen und die Mischung in einen reifen Kompost umzuwandeln. Sobald der Prozess abgeschlossen ist, muss der Kompost eine Woche oder zwei lang belüftet und getrocknet werden, um seine Feuchtigkeit und Temperatur zu reduzieren.

Danach kann er direkt im Garten verwendet oder mit Erde vermischt werden, bevor er als organischer Zusatzstoff für Topfpflanzen oder Zimmergärten verwendet wird.

Es ist wichtig zu beachten, dass der Bokashi-Kompost nicht direkt auf Pflanzen verwendet werden sollte, ohne mindestens zwei Wochen lang getrocknet worden zu sein.

4.2 Wie man Bokashi-Kompost verwendet, um Pflanzen zu düngen

Nach Abschluss des Bokashi-Fermentationsprozesses können Sie den Kompost verwenden, um Ihre Pflanzen zu düngen. Es ist jedoch wichtig zu verstehen, dass Bokashi-Kompost kein vollständiger Dünger ist und in Kombination mit anderen Bodenverbesserungsmitteln verwendet werden sollte, um die besten Ergebnisse zu erzielen. Hier sind einige Schritte, um Bokashi-Kompost zur Düngung Ihrer Pflanzen zu verwenden:

- Lassen Sie den Bokashi-Kompost nach Abschluss der Fermentation etwa zwei Wochen ruhen, damit sich die Mikroorganismen stabilisieren können.
- Fügen Sie den Bokashi-Kompost dem Boden Ihrer Pflanzen hinzu, indem Sie einen Esslöffel oder eine Tasse pro Pflanze verwenden, abhängig von der Größe der Pflanze.
- Mischen Sie den Bokashi-Kompost gut mit dem Boden, um eine gleichmäßige Verteilung sicherzustellen.
- Gießen Sie die Pflanzen regelmäßig, um die Nährstoffe im Boden freizusetzen.
- Wenn Sie den Bokashi-Kompost für Topfpflanzen verwenden, können Sie ihn zur Blumenerde hinzufügen oder mit Wasser vermischen, um eine Flüssiglösung herzustellen.

Durch die Verwendung von Bokashi-Kompost zur Düngung Ihrer Pflanzen können Sie nicht nur Ihre Umweltbilanz verbessern, sondern auch die Gesundheit

Ihrer Pflanzen fördern und schmackhaftere Früchte und
Gemüse erzeugen.

4.3   Die Vorteile für das Pflanzenwachstum

Bokashi-Kompost bietet zahlreiche Vorteile für das
Pflanzenwachstum. Er enthält leicht assimilierbare
Nährstoffe wie Stickstoff, Phosphor und Kalium, die für
das Wachstum und die Entwicklung von Pflanzen
unerlässlich sind.

Darüber hinaus verbessert Bokashi die Bodenstruktur,
indem es nützliche Mikroorganismen bereitstellt, die
organische Materialien abbauen und den Boden belüften,
was das Eindringen von Wurzeln erleichtert.

Bokashi kann auch die biologische Aktivität im Boden
anregen, indem es nützliche Mikroorganismen in die
Bodenumgebung einführt. Diese Mikroorganismen
arbeiten zusammen mit den Pflanzenwurzeln, um die
Nährstoffaufnahme und die Resistenz gegen Krankheiten
zu verbessern.

Darüber hinaus ist Bokashi-Kompost in der Regel reicher
an organischem Material als natürlicher Boden, was dazu
beiträgt, die Bodenfeuchtigkeit zu erhalten und das
Pflanzenwachstum zu fördern.

Schließlich kann Bokashi dazu beitragen, die Abhängigkeit
von chemischen Düngemitteln und Pestiziden zu
reduzieren, was sowohl für die Umwelt als auch für die

menschliche Gesundheit vorteilhaft ist. Durch die Verwendung von Bokashi-Kompost zur Düngung Ihrer Pflanzen können Sie ein gesünderes und nachhaltigeres Ökosystem für sich selbst und die Umwelt als Ganzes schaffen.

5 Bokashi und die Umwelt

5.1 Bokashi und die Reduzierung von Lebensmittelabfällen

Bokashi ist eine Methode zur Kompostierung, die eine effektive Lösung zur Reduzierung von Lebensmittelabfällen bietet. Lebensmittelabfälle machen einen bedeutenden Anteil unseres Hausmülls aus, und ihre Deponierung hat zahlreiche negative Umweltauswirkungen, wie die Produktion von Treibhausgasen.

Durch die Verwendung von Bokashi zur Kompostierung von Lebensmittelabfällen werden diese in ein nährstoffreiches organisches Amendement umgewandelt, das zur Düngung von Pflanzen verwendet werden kann. Dies trägt nicht nur zur Reduzierung von Lebensmittelabfällen in Deponien bei, sondern ermöglicht auch die Herstellung eines natürlichen Düngemittels für Pflanzen.

Darüber hinaus trägt die Reduzierung von Lebensmittelabfällen durch Bokashi-Kompostierung zur

Bekämpfung des Klimawandels bei, indem sie die Emissionen von Treibhausgasen im Zusammenhang mit der Abfallentsorgung reduziert.

Während bei der Zersetzung von Lebensmittelabfällen auf Deponien Treibhausgase wie Methan produziert werden, ermöglicht die Bokashi-Kompostierung die Umwandlung dieser Abfälle in Kompost ohne die Produktion von Treibhausgasen.

Daher bietet Bokashi eine praktische und umweltfreundliche Lösung zur Reduzierung von Lebensmittelabfällen und ermöglicht gleichzeitig die Herstellung hochwertiger organischer Bodenverbesserer für Pflanzen.

5.2   Die Umweltvorteile

Das Bokashi-Kompostieren bietet mehrere Vorteile für die Umwelt. Zunächst einmal reduziert es, indem es Lebensmittelabfälle in Kompost umwandelt, die Menge an Abfällen, die auf Mülldeponien landen, was zur Verringerung von Verschmutzung und Treibhausgasemissionen durch den Abbau von organischen Abfällen beiträgt. Tatsächlich werden Lebensmittelabfälle, wenn sie in normale Mülltonnen geworfen werden, oft auf Deponien gebracht, wo sie Methan produzieren, ein Gas mit einem 25-fach höheren Potenzial zur Klimaerwärmung als Kohlendioxid. Darüber hinaus kann der Bokashi-Kompost als organischer Dünger für Pflanzen verwendet werden, was die Notwendigkeit der Verwendung von chemischen Düngemitteln reduziert. Chemische Düngemittel neigen dazu, sehr umweltschädlich zu sein und können die Wasserqualität und aquatische Ökosysteme negativ beeinflussen. Indem sie den Bokashi-Kompost verwenden, können Gärtner die Qualität ihres Bodens und die Gesundheit ihrer Pflanzen verbessern, ohne auf schädliche Chemikalien zurückgreifen zu müssen. Schließlich kann der Bokashi-Kompost dazu beitragen, die Abhängigkeit von nicht erneuerbaren Ressourcen zu reduzieren. Indem Gärtner den Bokashi-Kompost verwenden, können sie ihren eigenen organischen Dünger herstellen und ihren Bedarf an chemischen Düngemitteln reduzieren, die oft aus fossilen Brennstoffen hergestellt werden.

5.3 Wie kann Bokashi zu einem nachhaltigen Lebensstil beitragen?

Das Bokashi-Kompostieren ist eine ausgezeichnete Möglichkeit, zu einem nachhaltigeren Lebensstil beizutragen. Zunächst einmal reduzieren wir durch das Kompostieren unserer Lebensmittelabfälle mit Bokashi die Menge an Abfällen, die auf Deponien entsorgt werden, und verringern somit die Umweltauswirkungen unserer Abfälle.

Darüber hinaus reduzieren wir durch die Herstellung unseres eigenen Komposts aus unseren

Lebensmittelabfällen unsere Abhängigkeit von Düngemitteln und anderen Chemikalien, die in der konventionellen Landwirtschaft verwendet werden und negative Auswirkungen auf die Umwelt haben können.

Indem wir den Bokashi-Kompost verwenden, um Pflanzen zu düngen, tragen wir auch zur Regeneration der Böden und zum Schutz der Artenvielfalt bei.

Schließlich, indem wir die Praxis des Bokashi-Kompostierens annehmen, werden wir uns unserer Essgewohnheiten bewusster und verpflichten uns, Lebensmittelverschwendung zu reduzieren, was sich erheblich auf die Umwelt auswirken kann.

6 Conclusion und zusätzliche Ressourcen

6.1 Die Vorteile von Bokashi für Gärtner und Hausbesitzer

Le compost bokashi bietet viele Vorteile für Gärtner und Hausbesitzer und trägt dazu bei, einen nachhaltigen und umweltfreundlichen Lebensstil zu fördern.

Zunächst einmal reduziert Bokashi die Menge an Lebensmittelabfällen, die auf Mülldeponien landen, was die Emissionen von Treibhausgasen reduziert und die Umwelt sauberer macht.

Darüber hinaus produziert Bokashi einen natürlichen und nährstoffreichen Dünger, der zur Förderung des Pflanzenwachstums und der Gesundheit beiträgt.

Bokashi ist auch praktisch für Gärtner, da es das ganze Jahr über drinnen oder draußen verwendet werden kann, was eine kontinuierliche Nutzung ermöglicht. Außerdem ist der Bokashi-Kompost in nur wenigen Wochen einsatzbereit, was viel schneller ist als bei der herkömmlichen Kompostierung.

Schließlich ist Bokashi auch kostengünstig für Hausbesitzer, da es die Kosten für den Kauf von Düngemitteln und die Entsorgung von Lebensmittelabfällen reduziert. Durch die Verwendung von Bokashi können Hausbesitzer ihre Umweltauswirkungen verringern und gleichzeitig Geld sparen.

Insgesamt ist der Bokashi-Kompost eine ausgezeichnete Lösung für Gärtner und Hausbesitzer, die ihre Umweltauswirkungen reduzieren möchten, während sie einen natürlichen und nährstoffreichen Dünger für ihre Pflanzen herstellen.

6.2 Wo finde ich weitere Informationen und Ressourcen zum Bokashi-Kompostieren?

Il gibt viele Ressourcen für Menschen, die am Bokashi-Kompostieren interessiert sind. Bibliotheken, Gartenzentren und Garten-Websites können detaillierte Informationen zum Bokashi-Kompostieren bereitstellen. Darüber hinaus gibt es Online-Diskussionsgruppen und Gartenforen, in denen Gärtner ihre Erfahrungen mit dem Bokashi-Kompostieren teilen und Fragen an andere Mitglieder der Gemeinschaft stellen können. Hersteller von Bokashi bieten auch Ressourcen und Anleitungen zur Verwendung ihrer Produkte an. Darüber hinaus gibt es viele Bücher und Handbücher, die Anfängern helfen können, sich mit dem Bokashi-Kompostieren vertraut zu machen. Dazu gehören: - "Bokashi Composting: Scraps to Soil in Weeks" von Adam Footer - "The Complete Guide to Bokashi Composting" von Anderson und Shapiro - "Bokashi: Ferment, Compost, Improve Soil" von Gittemary Johansen. Diese Ressourcen können zusätzliche Informationen zum Bokashi-Kompostieren sowie Tipps und Techniken bieten, um die Vorteile zu maximieren. Durch die Erkundung der verfügbaren Ressourcen können Gärtner und Hausbesitzer letztendlich die Vorteile dieses Kompostsystems entdecken und zu einem nachhaltigeren Lebensstil beitragen.

7 Ihr Feedback ist wichtig!

Liebe Leser, Ihre Erfahrung mit diesem Buch ist wertvoll und kann einen Unterschied für andere Menschen machen, die sich für das Thema Bokashi und Kompostierung interessieren. Indem Sie eine Rezension auf der Amazon-Seite des Buches hinterlassen, tragen Sie dazu bei, zukünftigen Lesern bei ihrer informierten Entscheidungsfindung zu helfen. Ob Sie dieses Buch informativ, inspirierend fanden oder die praktischen Ratschläge, die es bietet, geschätzt haben, zögern Sie nicht, Ihre Meinung zu teilen. Ihre Kommentare können eine Quelle der Inspiration und Ermutigung für andere Leser sein, die die Welt des Bokashi und seine Vorteile entdecken möchten. Darüber hinaus helfen uns Ihr Feedback, unsere zukünftigen Werke zu verbessern und besser auf Ihre Erwartungen einzugehen. Wir berücksichtigen Ihre Kommentare, Vorschläge und Ideen, da wir immer nach Möglichkeiten suchen, das Leseerlebnis unserer Leser zu bereichern. Nehmen Sie sich also einen Moment Zeit, um eine Rezension auf Amazon zu schreiben. Teilen Sie mit, was Ihnen an dem Buch gefallen hat, wie es Ihnen geholfen hat oder sogar welche Ergebnisse Sie erzielt haben, indem Sie die gegebenen Ratschläge in die Praxis umgesetzt haben. Ihr Beitrag wird für andere Kompost- und ökologisch orientierte Enthusiasten von unschätzbarem Wert sein. Wir danken Ihnen herzlich für Ihre Unterstützung und Teilnahme. Ihre Stimme zählt, und indem Sie sie teilen, sind Sie Teil einer Gemeinschaft, die sich für den

Umweltschutz und nachhaltige Lösungen engagiert. Gemeinsam können wir eine positive Wirkung erzielen und andere Menschen dazu inspirieren, umweltfreundliche Praktiken zu übernehmen.

Vergessen Sie also nicht, Ihre Rezension auf Amazon zu hinterlassen und weiterhin die Wunder des Bokashi zu erkunden! Vielen.

Dank nochmals!

Green Man

BEWERTUNG

BEWERTUNG